Europa – Oberflächenformen und Gewässer

über 2 000 m Höhe
0
500
1000 km

1. Bezeichne in der Karte: A – Alpen, B – Apenninen, C – Karpaten, D – Pyrenäen, E – Balkan, F – Rhodopen.
2. Wie heißt der höchste Berg Europas? Trage ihn und die höchsten Berge von drei weiteren Gebirgen in die Karte und das Diagramm ein.

5 000
4 000
3 000
2 000
1 000
(in m)
2 963 m
Zugspitze

3. Bezeichne in der Karte
   1 – Donau (2 860 km)
   2 – Rhein (1 300 km)
   3 – Elbe (1 200 km)
   4 – Weichsel (1 100 km)
   5 – Themse (346 km)
4. Zeichne ein Diagramm der Flusslängen.

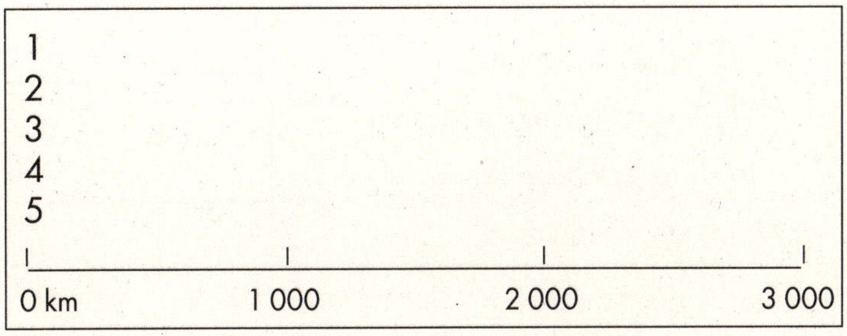
1
2
3
4
5
0 km
1 000
2 000
3 000

Europa – Klimazonen und Klimatypen

1. Gestalte die Karte und die Legende farbig.
2. Begründe die Abfolge der Klimazonen bei 20° ö. L. von Nord nach Süd.

____

____

____

____

____

____

____

____

____

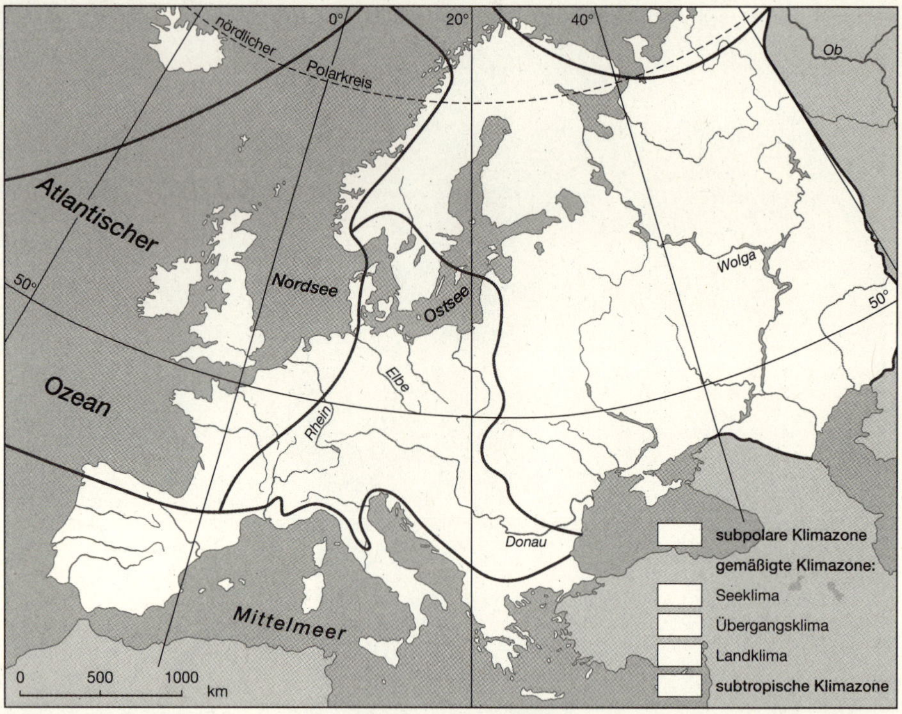

3. Die beiden Klimadiagramme gehören zu den Klimastationen Berlin und Kilkenny (Irland). Werte sie mithilfe der unten stehenden Tabelle aus.
4. Beschreibe die Merkmale des Klimas beider Stationen. Vergleiche sie.
5. Beschrifte die Klimadiagramme mit den Namen der Stationen.

A ________________________

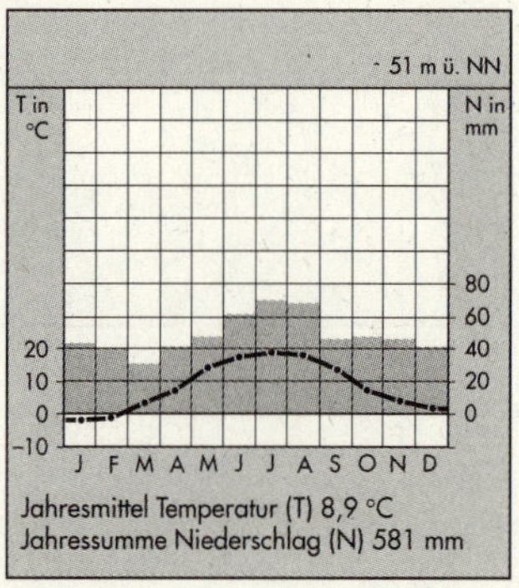

B ________________________

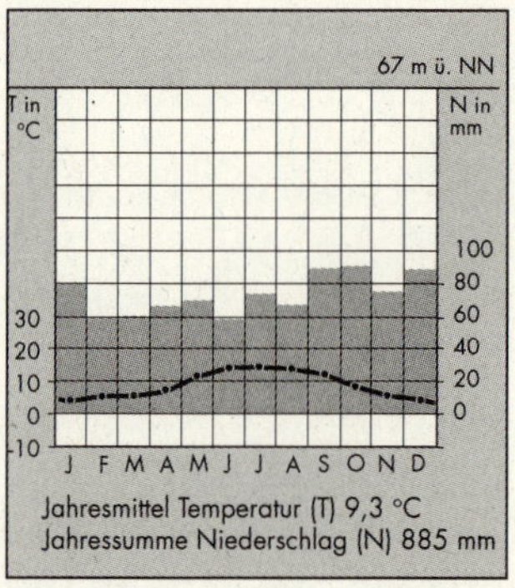

Merkmale	Klimadiagramm A	Klimadiagramm B
Lage im Gradnetz		
Höhenlage		
Temperatur Maximum		
Minimum		
Jahresschwankung		
Jahresmittel		
– niederschlagsarme/		
niederschlagsreiche Monate		
– feuchte/trockene Jahreszeiten		
Name der Klimazone		
Name des Klimatyps		

Wir zeichnen Klimadiagramme

1. Wir erarbeiten die Klimadiagramme von Athen (105 m ü. NN) und Helsinki (45 m ü. NN):
   - Suche Athen und Helsinki im Atlas. Bestimme ihre Lage im Gradnetz und trage sie ein.
   - Trage oben rechts die Höhe über NN ein.
   - Zeichne die mittleren Monatswerte der Temperatur durch kleine Kreuze oder Punkte in die Mitte der Monatsspalte ein. Verbinde sie durch eine rote Linie miteinander.
   - Kennzeichne die mittleren Monatsniederschläge durch blaue Säulen.
   - Trage die Jahresmittel der Temperatur und die mittlere Jahresniederschlagssumme unter dem Klimadiagramm ein.
2. Werte die beiden Klimadiagramme in einer Tabelle wie auf Seite 2 vorgegeben aus. Zu welchen Klimazonen gehören die Stationen?
3. Vergleiche die Werte der beiden Stationen. Warum unterscheiden sie sich voneinander?

____

____

____

____

Klimadaten:		J	F	M	A	M	J	J	A	S	O	N	D	Jahr
Athen	T °C	9	10	11	15	19	23	27	26	23	19	14	11	17
	N mm	54	46	33	23	20	14	8	14	18	36	79	64	406
Helsinki	T °C	–6	–7	–3	3	9	14	17	16	11	5	1	–3	5
	N mm	57	42	36	44	41	51	68	72	71	73	68	66	692

Athen (______________________)

______________ ______________

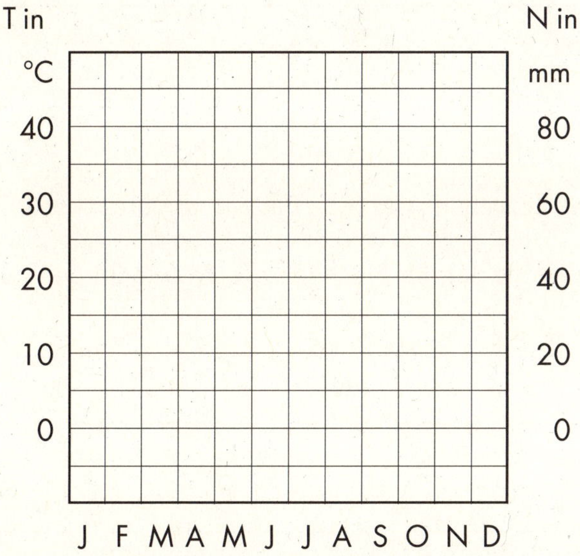

T – Jahresmittel: ______________

N – Jahressumme: ______________

Klimazone: ______________

Helsinki (Finnland)

______________ ______________

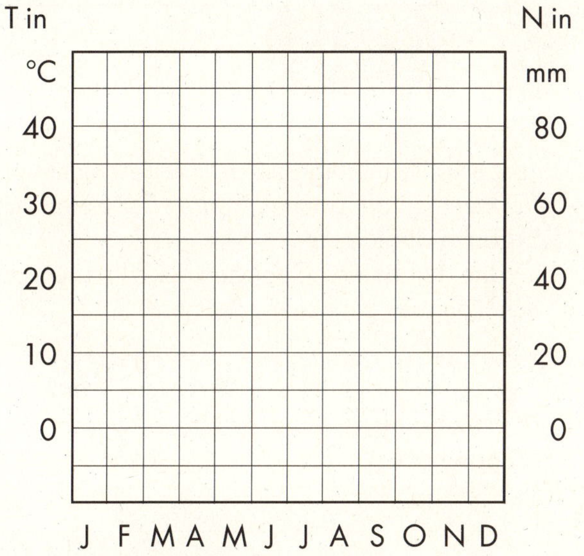

T – Jahresmittel: ______________

N – Jahressumme: ______________

Klimazone: ______________

Erdgeschichtliche Entwicklung Europas

1. Ordne den Zeitaltern die Entstehung der Faltengebirge, der Bruchschollengebirge sowie das Eiszeitalter zu.

Erdgeschichtliche Zeittafel

Mio. Jahre	Zeitalter	
0,6	Quartär	Erdneuzeit
	Tertiär	Erdneuzeit
70	Kreide	Erdmittelzeit
135	Jura	Erdmittelzeit
180	Trias	Erdmittelzeit
225	Perm	Erdaltzeit
270	Karbon	Erdaltzeit
350	Devon	Erdaltzeit
	Silur	Erdaltzeit
400	Ordovizium	Erdaltzeit
500	Kambrium	Erdaltzeit
600	Erdfrühzeit	Erdurzeit

2. Trage weitere Ereignisse der Erdgeschichte ein:
   Vorkommen der Saurier, Spuren der ersten Menschen, Entstehung des Löss, Bildung von Braunkohle.
3. Ergänze die Tabelle.
   Ordne den beiden Gebirgen die Entstehungszeiten und die Begriffe Hochgebirge, Mittelgebirge, Bruchschollengebirge, Faltengebirge zu.

	Harz	Alpen
Entstehungszeit		
Entstehungsart		
Höhenzuordnung		

Nordeuropa

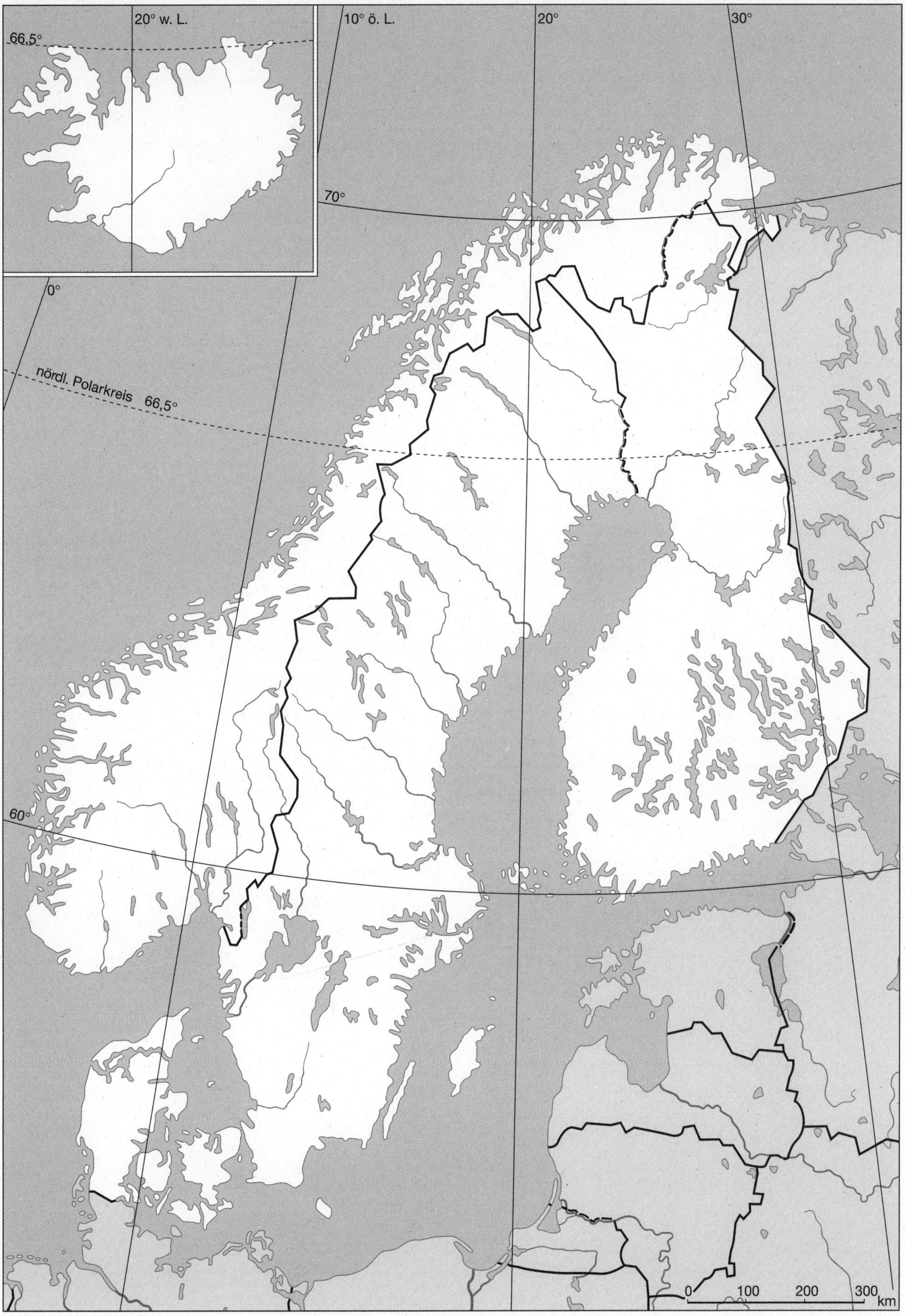
20° w. L.
66,5°
10° ö. L.
20°
30°
70°
0°
nördl. Polarkreis 66,5°
60°
0 100 200 300 km

Nordeuropa – orientiere dich

1. Beschreibe die Lage Nordeuropas im Gradnetz. Beachte neben der Ost-West- und der Nord-Süd-Erstreckung auch den nördlichen Polarkreis.

____

____

2. Vervollständige die Legende und trage die bezeichneten Objekte in die Karte auf S. 5 ein.

Staaten	Hauptstädte	Seen, Fjorde, Flüsse (1, ...)
A	a	
B	b	
C	c	
D	d	
E	e	

3. Setze die folgenden Angaben zu den Ländern Nordeuropas in Diagramme um.

Land	Fläche in km²	Einwohner in 1000	Bev.-Dichte Einw./km²
Island	103 000	269	3
Norwegen	324 000	4 300	13
Schweden	450 000	8 800	21
Finnland	338 000	5 100	16
Dänemark	43 077	5 200	120

Fläche der Länder Nordeuropas
Island
Norwegen
Schweden
Finnland
Dänemark

Einwohner
Island
Norwegen
Schweden
Finnland
Dänemark

□ ≙ 10 000 km²

● ≙ 1 Mio. Einw.

• ≙ 100 000 Einw.

Bevölkerungsdichte	Norwegen	Dänemark	Schweden	Island	Finnland
	1 km²	1 km²	1 km²	1 km²	1 km²

Zeichne für die Bevölkerungsanzahl pro km² ○ ≙ 10 Einw. ○ ≙ 1 Einw.

Nordeuropa – Natur der Gegensätze

1. Trage den Golfstrom in die Karte ein.

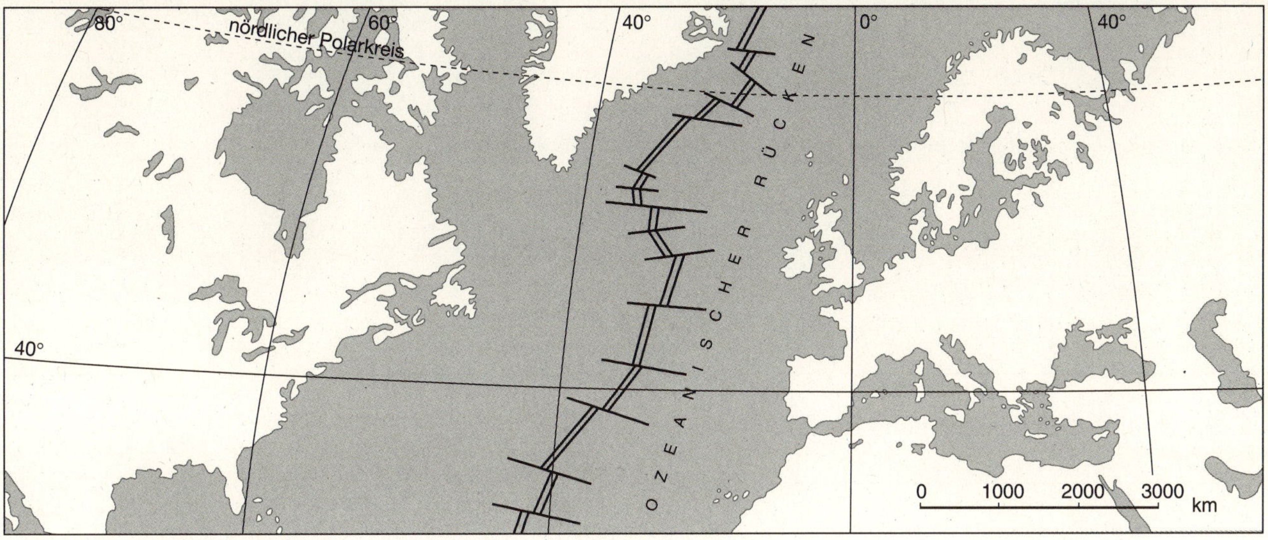

2. Trage Narvik (N) und Luleå (L) in die Karte ein. Zeichne die Temperaturkurve für beide Städte.

mittlere Monatstemperaturen von zwei Hafenstädten (°C)												
Hafenstadt	J	F	M	A	M	J	J	A	S	O	N	D
Narvik 68° N	–4	–4	–3	1	6	12	14	13	9	4	0	–2
Luleå 65° N	–10	-10	–6	0	7	12	16	14	9	3	–3	–6

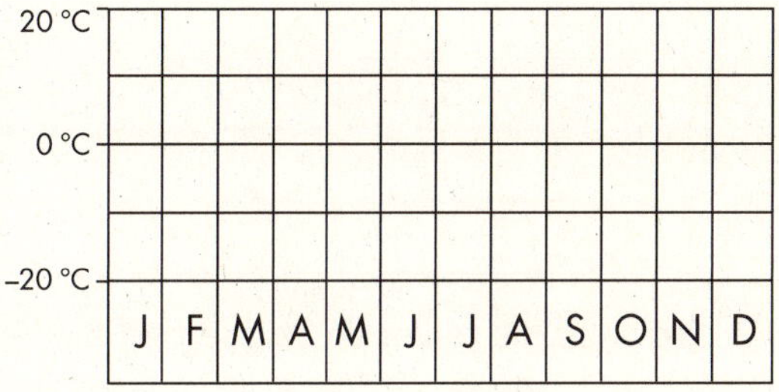

3. Führe den Beweis, dass der Golfstrom Nordeuropa aufheizt.

____

____

____

4. Trage Island in die Karte oben ein. Begründe, warum Island als Insel aus Feuer und Eis bezeichnet wird.

____

5. Trage in die Islandkarte ein:
   a) den größten Gletscher Europas (1),
   b) den nördlichen Polarkreis.
6. Gibt es in Island Polartag und Polarnacht? Begründe deine Antwort.

____

____

____

____

____

____

____

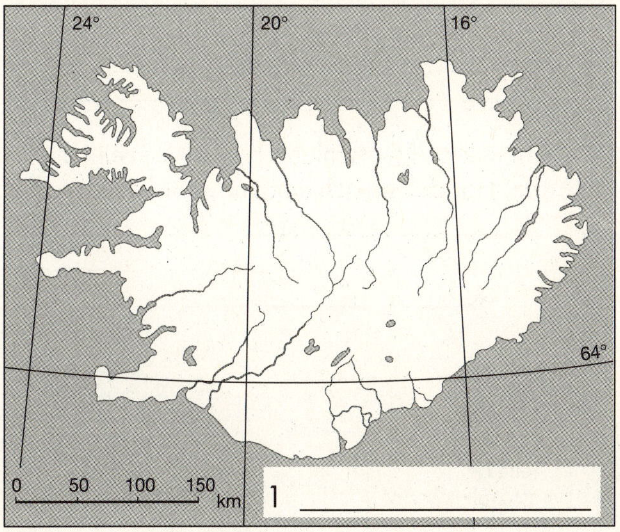

Nordeuropa – vom Eis überformt

1. Bezeichne im Profil die Schären und das Fjell. Wo liegen die Seen und die Flüsse mit ihren Wasserfällen?

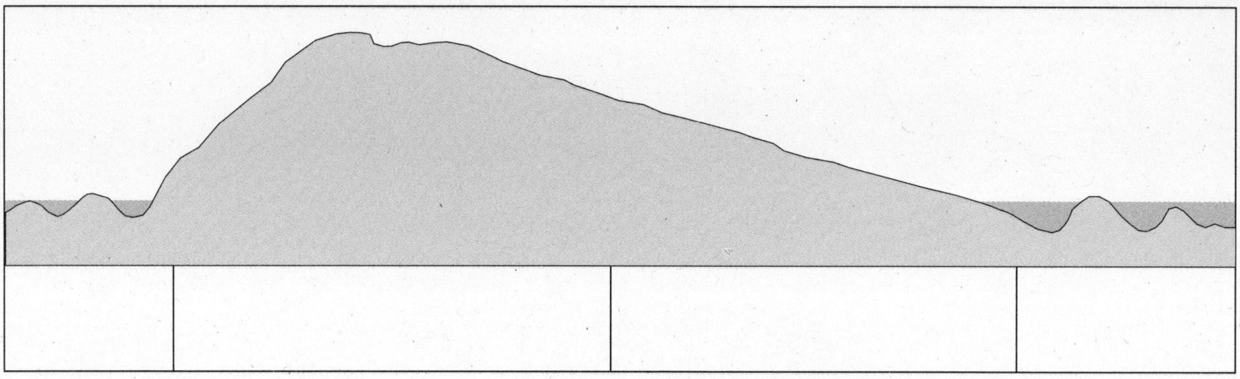

2. Beschreibe das Aussehen und die Entstehung des Fjords.

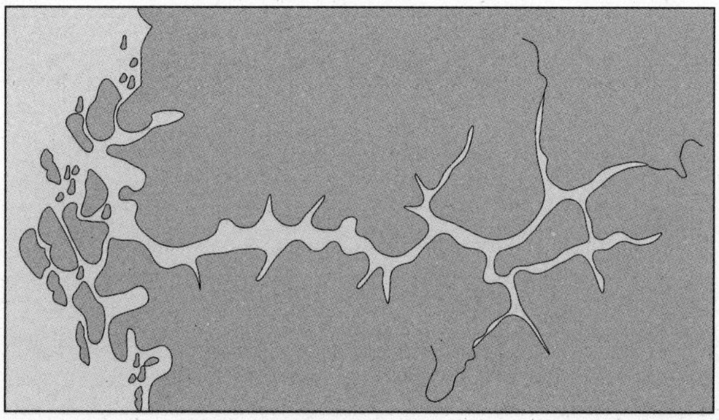

3. Ergänze die fehlende Skizze und die Beschriftungen zur Entstehung von Fjorden.

vor der Eiszeit	während der Eiszeit	nach der Eiszeit

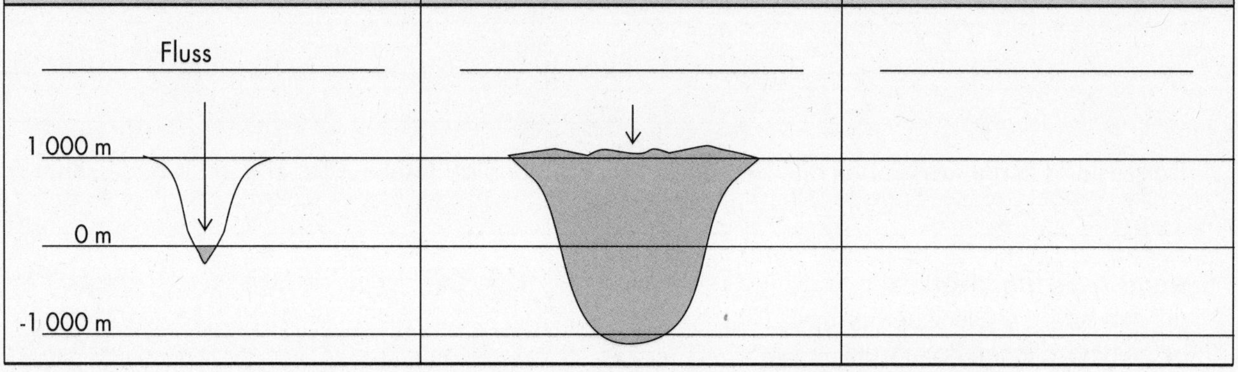

4. Auch in Norddeutschland hast du eiszeitliche Formen kennengelernt. Nenne die Teile der glazialen Serie. Handelt es sich um eine Abtragungs- oder Ablagerungslandschaft?

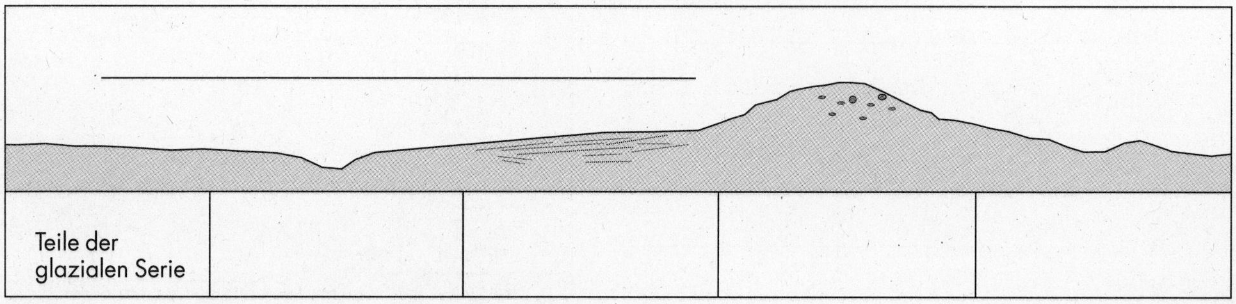

Erdöl, Erdgas, Eisenerz – Bodenschätze in Nordeuropa

1. Trage Kiruna, den dort geförderten Bodenschatz und die beiden Exporthäfen (2 und 3 in der Legende) in die Karte ein.
2. Warum verliert Kiruna an Bedeutung?

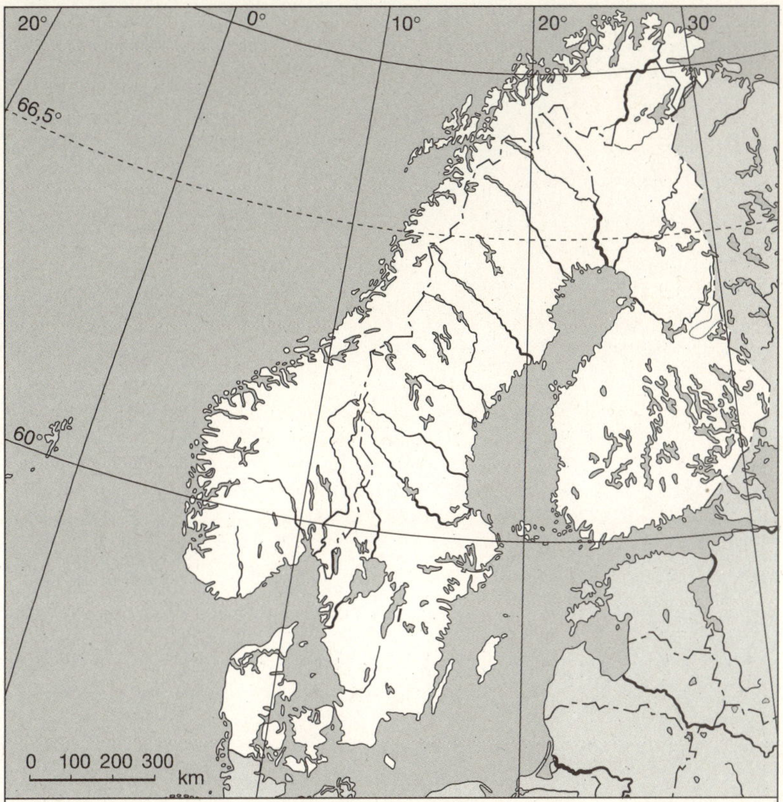

1 Kiruna ______________ ▲ Erdölfeld

2 ______________ △ Erdgasfeld

3 ______________ •—• Erdöl- bzw. Erdgasleitung

3. Warum werden zwei Exporthäfen gebraucht? Beachte die Monatstemperaturen von Narvik und Luleå (S. 7).

4. Trage unter Nutzung einer geeigneten Atlaskarte Erdöl- und Erdgasfördergebiete sowie Erdöl- und Erdgasleitungen in die Karte ein.

Wichtige Wirtschaftszweige in Nordeuropa

5. Vervollständige die Tabelle durch die wichtigsten Wirtschaftszweige.

Dänemark	Norwegen	Schweden	Finnland
Viehwirtschaft			

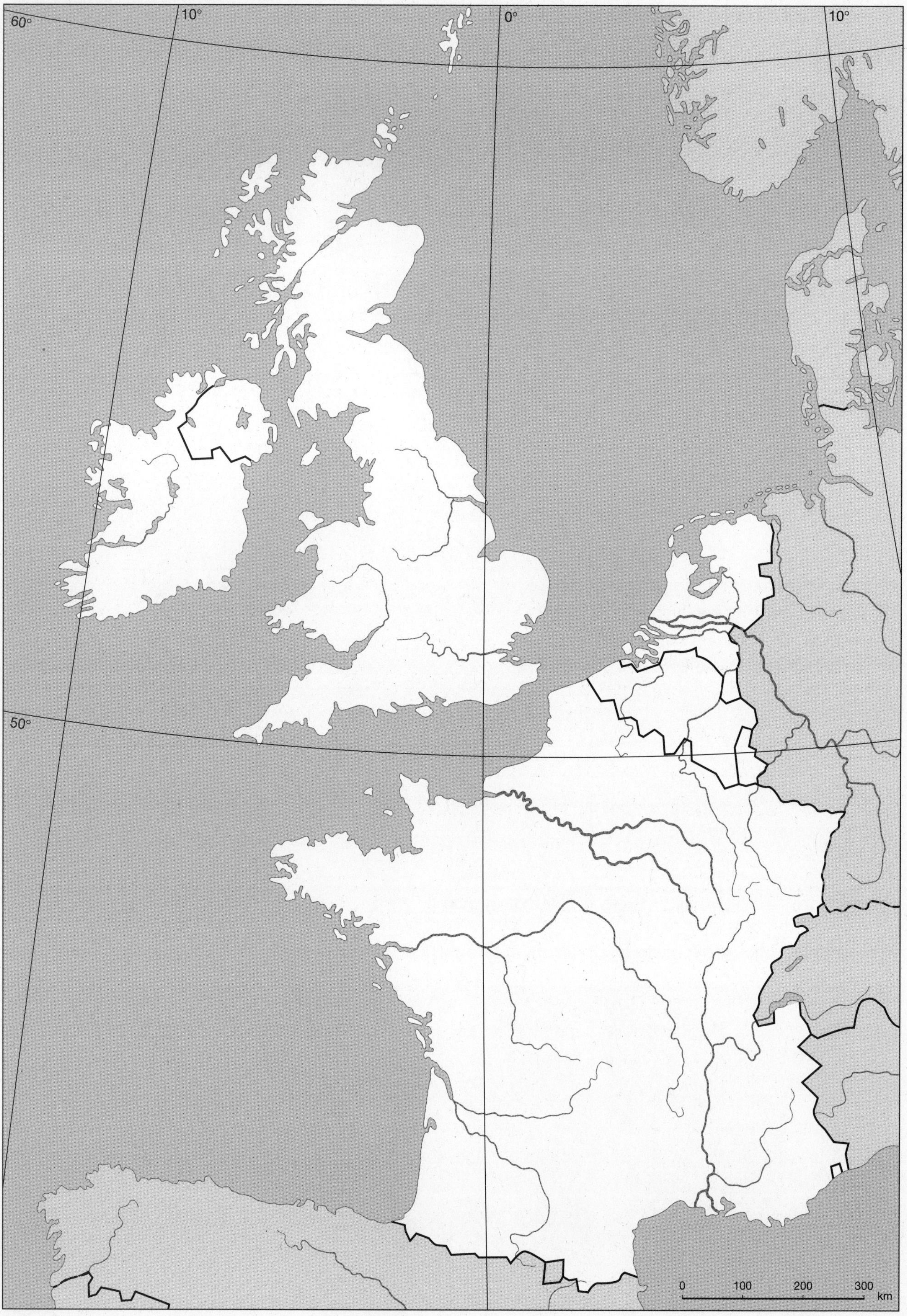
60°
10°
0°
10°
50°
0
100
200
300
km

Seeklima im Westen Europas

1. Vergleiche die Temperaturwerte der fünf Stationen und kennzeichne wesentliche Unterschiede.

	Glasgow	Liverpool	London	Hannover	Warschau
Januar	3 °C	5 °C	4 °C	0 °C	−4 °C
Juli	14 °C	16 °C	17 °C	17 °C	18 °C
Klimatyp					

2. In welcher Klimazone liegen die fünf Stationen?

   Klimazone ____________________

3. Ermittle zum Vergleich die Werte für deinen Heimatort und bestimme den Klimatyp.

   Klimatyp ____________________

Januar	
Juli	

4. Die Klimawerte der drei britischen Stationen beruhen hauptsächlich auf dem unterschiedlichen Verhalten von Land und Meer bei der Sonneneinstrahlung. Trage die Temperatureigenschaften unter der Darstellung ein und erläutere sie.

Sommer

Winter

Land/Boden: ____________________

Meer/Wasser: ____________________

5. Luftmassen nehmen die Eigenschaften der darunter liegenden Oberfläche an. Welche Vorgänge bewirken, dass Meeresluft zum Festland gelangt?

Westeuropa – kennst du dich aus?

1. Bezeichne in der Karte S. 10 die Staaten Westeuropas und deren Hauptstädte. Trage sie in die unten stehende Tabelle ein und suche Lagemerkmale für die Hauptstädte.

Staat	Hauptstadt	Lagemerkmal der Hauptstadt
A	a	
B	b	
C	c	
D	d	
E	e	
F	f	
G	g	

2. Westeuropa lässt sich in drei Landschaftsteile gliedern. Trage sie farbig in die Karte Seite 10 ein. Vervollständige dazu die Legende und benenne Beispiellandschaften.

3. Bei Urlaubsreisen in Westeuropa lernst du viele interessante Sehenswürdigkeiten kennen. Benenne die dargestellten Abbildungen und ordne sie Staaten und Städten zu.

Frankreich

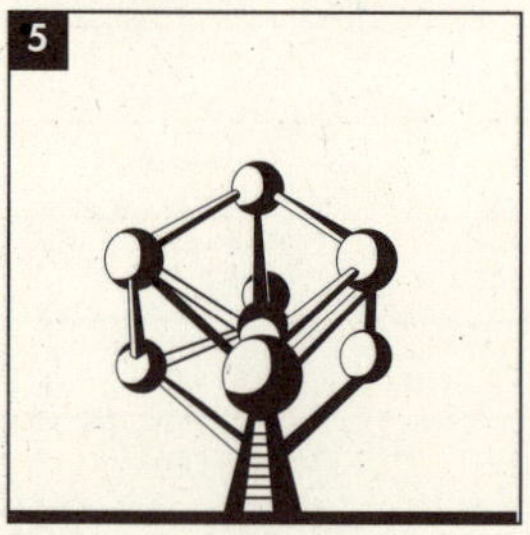

Großbritannien

Großbritannien – die ehemalige „Werkstatt der Welt“ im Wandel

1. Trage in Legende bzw. Umrisskarte ein:

I ______________________

II ______________________

III ______________________

IV ______________________

A ______________________

B ______________________

C ______________________

D ______________________

1 Orkney-Inseln

2 Hebriden

3 Man

4 Wight

a ______________________

b ______________________

c ______________________

L London

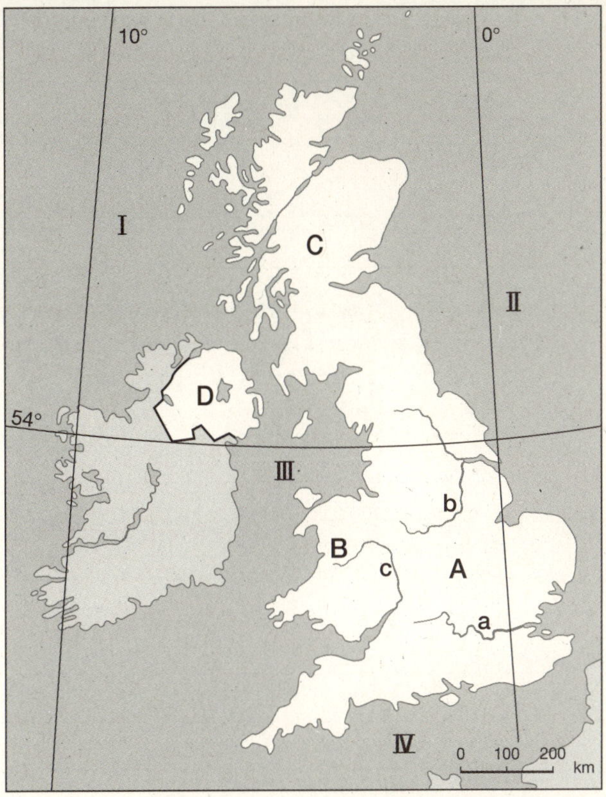

2. Warum wurde England im 19. Jahrhundert „Werkstatt der Welt“ genannt? (Bestimmte Stoffe tragen noch heute den Namen englischer Städte; z. B. Tweed, Manchester).

3. Wie im Ruhrgebiet erfolgte in vielen alten englischen Industriezentren ein Strukturwandel. Erläutere dessen Notwendigkeit. Werte dazu auch das Diagramm aus.

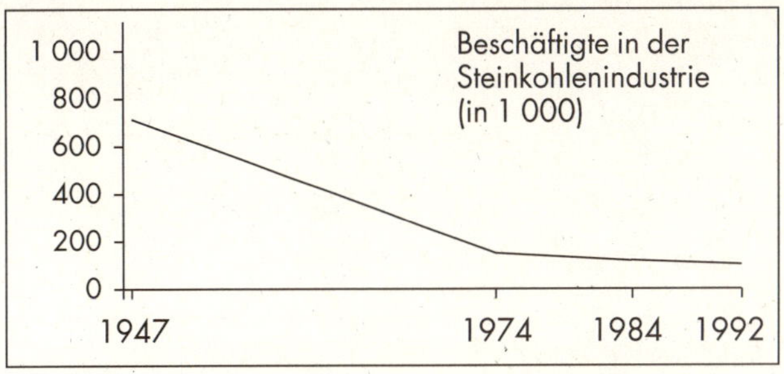

4. Hightechindustrien lösen schrumpfende Industriezweige ab. Was verstehen wir unter Hightechindustrie? Nenne Beispiele.

Wirtschaftszentren Frankreichs

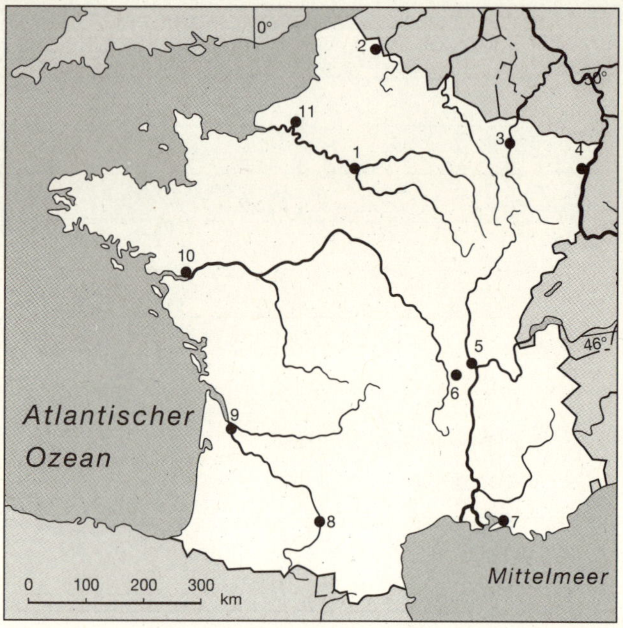

1. Stelle die Lage von Paris im Gradnetz fest.

____

2. In welcher Großlandschaft liegt die französische Hauptstadt?

____

____

3. Bereits in den 60er-Jahren bezeichnete man Paris als „das Herz" Frankreichs. Was ist damit gemeint? Werte dazu auch das Diagramm aus.

____

____

____

____

____

____

____

____

____

____

____

____

Anteil von Paris (Île de France) an Frankreich in %

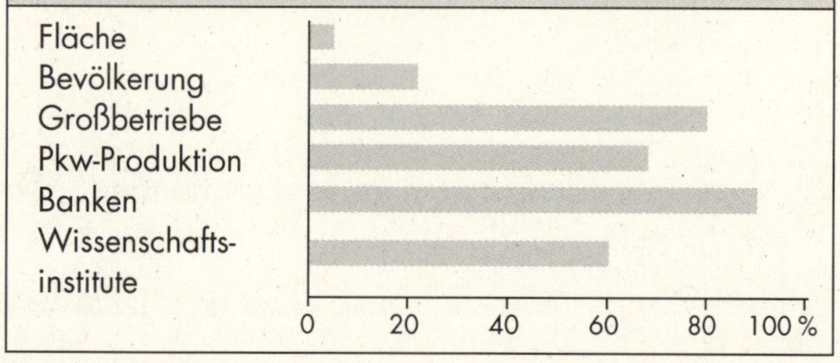

4. In Frankreich wird die Industrieansiedlung und der Ausbau des Verkehrswesens verstärkt außerhalb des Ballungsraums Paris gefördert. Welche Ziele werden damit verfolgt?

____

____

____

5. Benenne die in die Karte oben eingetragenen „alten" und neuen Industriestandorte. Gib durch Symbole Industriezweige bzw. -produkte an.

1 ______________ 7 ______________

2 ______________ 8 ______________

3 ______________ 9 ______________

4 ______________ 10 ______________

5 ______________ 11 ______________

6 ______________

6. Französische Landwirte decken auch unseren Tisch. Nenne wichtige landwirtschaftliche Produkte und gib bei einigen Produkten Beziehungen zu Landschaften oder Städten an.

____

____

____

____

Niederlande – Landgewinnung

1. Bezeichne in der Karte:
   - I Niederlande
   - II Belgien
   - III Luxemburg
   - a Amsterdam
   - b Rotterdam
   - c Utrecht
   - d Den Haag
   - e Westfriesische Inseln
   - 1 Nordsee
   - 2 IJsselmeer
   - 3 Rhein
2. Zeichne die verwirklichten Projekte farbig in die Karte ein.
   - A Deltaplan
   - B Europoort
3. Untersuche das Zuiderseeprojekt.
   a) Trage den Abschlussdeich und die Polder farbig in die Karte ein.
   b) Begründe warum der Abschlussdeich zuerst gebaut wurde.

Das Zuiderseeprojekt: Bauzeiten

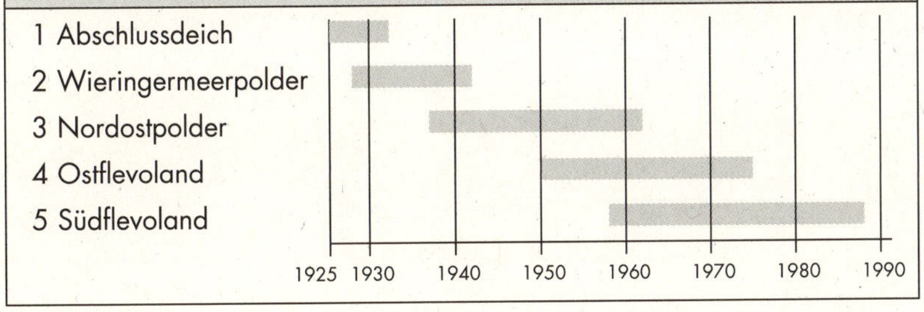

Bodennutzung in %

	Landwirtschaft/ Gartenbau	Wald	Wohngeb. Deiche Straßen
2	87	3	10
3	87	5	8
4	75	11	14
5	50	25	25

4. Wie lange dauert es, bis ein Polder genutzt werden kann? Warum dauert es so lange?

5. Die Polder werden in unterschiedlicher Weise genutzt. Werte die Tabelle zur Bodennutzung aus. Kennzeichne Unterschiede. Notiere dazu Stichpunkte:

60° n. B.
40°
30°
20°
10° w. L.
0°
10° ö. L.
nördlicher Polarkreis
50°
40°
0
250
500
750
1000
km

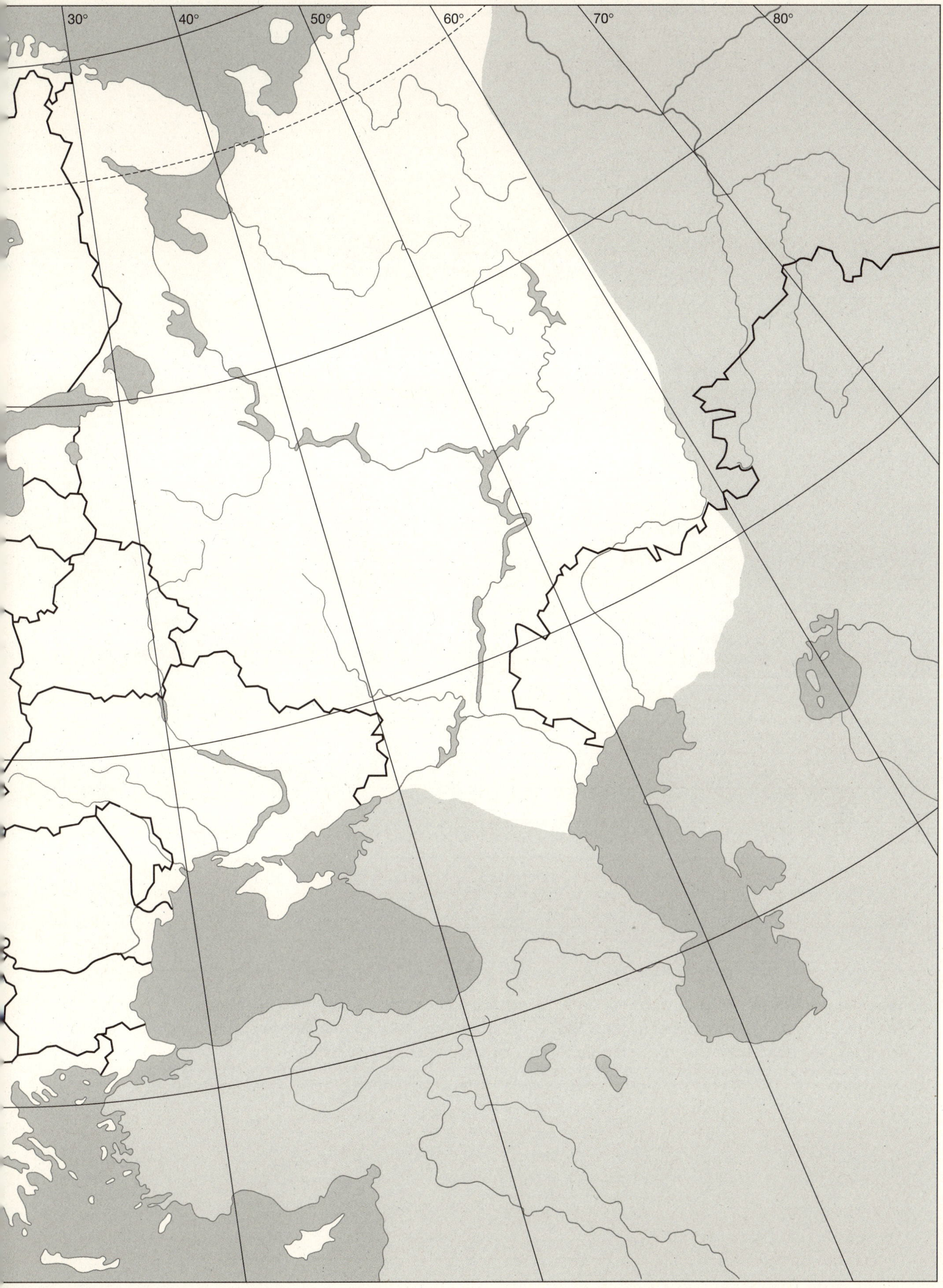
30°
40°
50°
60°
70°
80°

A	______	a	______	1 Großer Arber
B	______	b	______	
C	______	c	______	
D	______	d	______	
E	______	e	______	
F	______	f	______	
G	______	g	______	
H	______	h	______	

1. Benenne die Länder Mitteleuropas und ihre Hauptstädte in der Karte und in der Legende.
2. Zeichne ein Profil durch das Böhmische Becken (Großer Arber – Prag – Schneekoppe). Zeichne die Randgebirge des Beckens in die oben stehende Karte ein und beschrifte sie.

Prag und Warschau – Städtevergleich

1. Beschreibe die Lage von Prag und Warschau

Prag	Warschau

2. Beschreibe einen Reiseweg von deinem Heimatort zu diesen beiden Hauptstädten.

3. Informiere dich anhand von Reiseprospekten über Sehenswürdigkeiten der beiden Hauptstädte.

4. Beschreibe den Verlauf der Flüsse, an denen Prag und Warschau liegen von der Quelle bis zur Mündung.

5. Ermittle mithilfe von Nachschlagewerken die Einwohnerzahlen und die Gründungszeiten der beiden Städte. Vergleiche sie mit deinem Heimatort. Informiere dich über die landesübliche Schreibweise der Städtenamen und trage sie oben in der Tabelle ein.

	Prag	Warschau	Heimatort
Einw./...			
Gründungszeit			

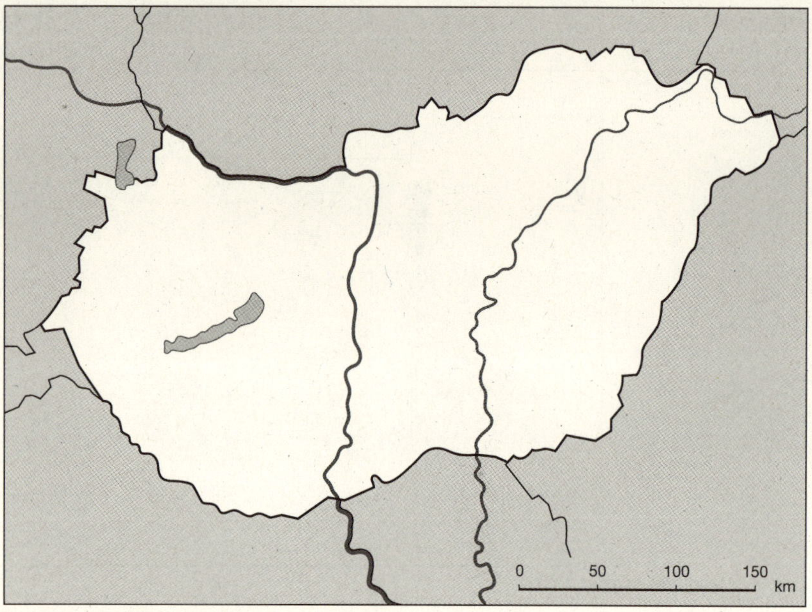

1. Nenne die 7 Nachbarstaaten Ungarns. Trage die Namen in die Karte ein.
2. Benenne folgende Städte, Flüsse und den Balaton:
   a Budapest
   b Szeged
   c Debrecen
   1 Donau
   2 Theiss
   3 Balaton

3. Ungarn gliedert sich in vier große Teile:

Tiefland:	☐	I Große Ungarische Tiefebene (Alföld)	Hügelland:	☐ III Südwesten Ungarns
	☐	II Kleine Ungarische Tiefebene (Kis-Alföld)	Mittelgebirge:	☐ IV Ungarisches Mittelgebirge

Kennzeichne diese Gebiete in der Umrisskarte. Erarbeite vorher eine Legende.

4. Ungarn ist ein Binnenland. Begründe.

____

____

____

5. Der Balaton (Plattensee) ist der größte Binnensee Mitteleuropas.
   Ermittle seine Flächengröße und vergleiche sie mit anderen Seen:

   Balaton: __________ km^2 Süßer See: __________ km^2

   Bodensee: __________ km^2 ______________ __________ km^2

6. Die Puszta in der Großen Ungarischen Tiefebene war früher stark bewaldet. Heute ist es eine vom Menschen geschaffene Steppenlandschaft. Welche Ursachen führten zur Versteppung?

____

____

____

7. Ermittle die Einwohnerzahl von Budapest und vergleiche sie mit deinem Heimatort.

   Budapest: ______________ Einwohner Heimatort: ______________ Einwohner.

8. Nenne Sehenswürdigkeiten der ungarischen Hauptstadt:

____

____

____

____

Alpenländer: Schweiz und Österreich

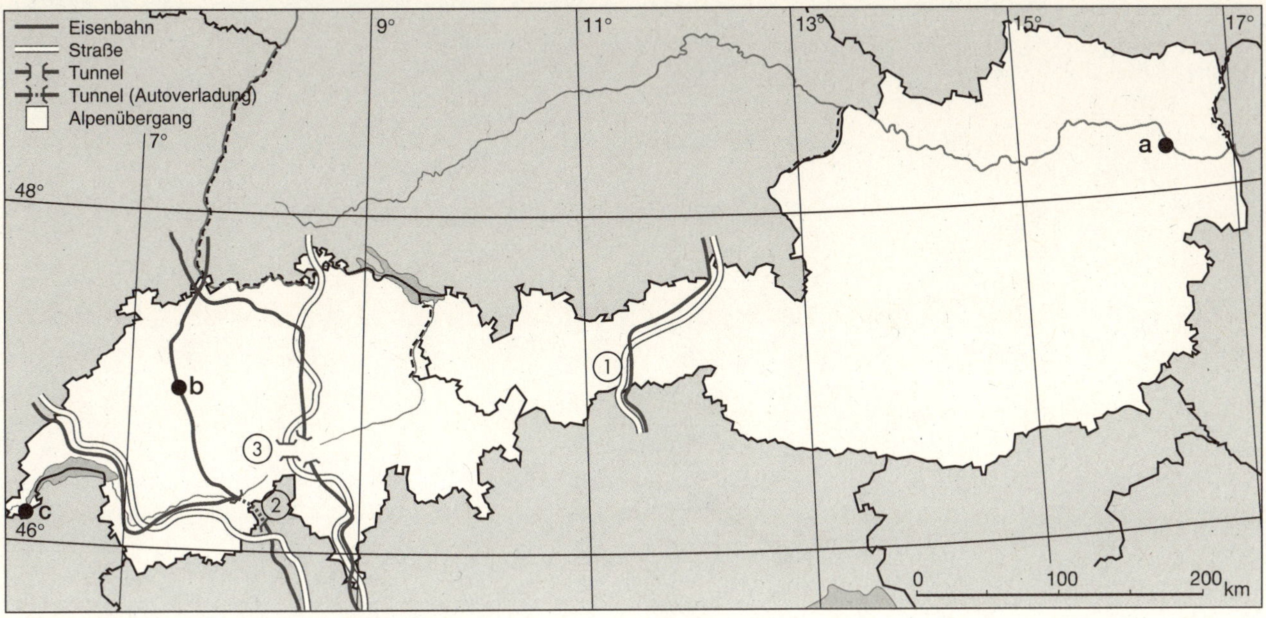

1. Bezeichne in der Karte die folgenden Länder:
   A Schweiz
   B Österreich
   C Italien
   D Slowenien
   E Ungarn
   F Tschechien
   G Liechtenstein
   H Frankreich
   I Deutschland
2. Benenne die Städte:

   a ____________________ b ____________________ c ____________________

3. Bezeichne in der Karte die folgenden Gewässer:
   1 Donau
   2 Rhein
   3 Rhône
   4 Bodensee
   5 Genfer See
4. Zeichne die Städte München (d), Innsbruck (e) und Verona (f) sowie den Luganer See (6) und den Comer See (7) in die Karte ein.

5. Schweiz und Österreich sind Transitländer. Benenne die Alpenübergänge, die in der Karte bezeichnet sind.

Alpenübergang	Eisenbahn	Auto
①		
②		
③		

6. Zeichne eine Kartenskizze eines Reiseweges von Berlin nach Rom.

7. Die Grenze zwischen West- und Ostalpen verläuft vom Bodensee zum Comer See. In welchem Alpenteil liegen

   Hohe Tauern ________ Dolomiten ________
   Gotthardpass ________ Montblanc ________
   Walliser Alpen ________ Großglockner ________
   Matterhorn ________ Brennerpass ________

   Setze W (für Westalpen) oder O (für Ostalpen) hinter den Namen.

1. Die Abbildung zeigt ein Alpental, wie es früher aussah. Trage alle Veränderungen ein, die durch den Tourismus entstehen. Nenne alles, was du nicht zeichnen kannst.

____

____

____

____

____

2. Der Tourismus bringt für die Bewohner viele Vorteile, aber es entstehen auch Probleme. Die Alpen sind gefährdet:

Vorteile	Probleme

20°
30°
A
B
C
D
E
F
G
H
I
40°
40°
20°
0
100
200
km

Orientierung in Südosteuropa

1. Benenne die in der Karte S. 23 bezeichneten Staaten Südosteuropas in der unten stehenden Legende. Trage in die Karte Flüsse und Gebirge ein.

Staaten		Flüsse	Gebirge
A ____________	F ____________	1 Donau	a Balkan
B ____________	G ____________	2 Theiß	b Dinarisches Gebirge
C ____________	H ____________	3 Save	c Rhodopen
D ____________	I ____________	4 Drina	
E ____________		5 Morava	

2. Werte die Klimadiagramme aus und bestimme die Klimazone oder den Klimatyp.

Split ____________

Belgrad ____________

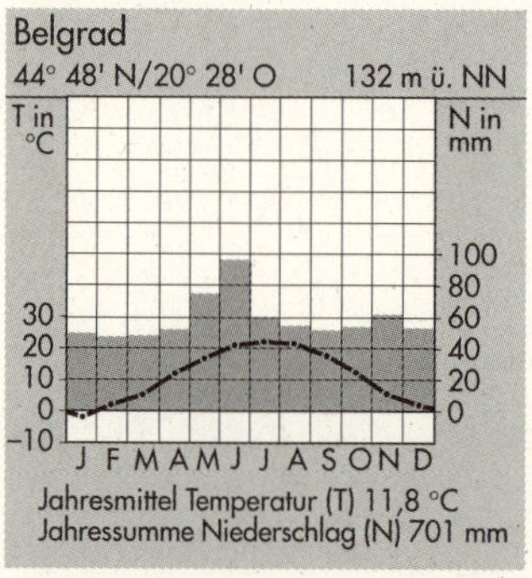

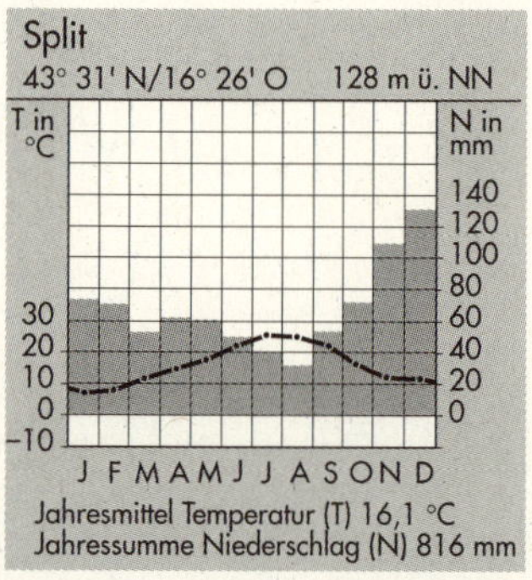

3. Ermittle die Breitenlage von Rijeka und Dubrovnik. Bestimme Städte mit ähnlicher geographischer Breite in Italien.

	Breitenlage	Vergleichsort
Rijeka		
Dubrovnik		

4. Ordne die Staaten Südosteuropas nach der Fläche, der Einwohnerzahl und der Bevölkerungsdichte. Verwende dabei Nationalitätenkennzeichen (SLO, HR, BIH, YU, MK, AL, BG, ROM, MO).

Fläche									
Einwohnerzahl									
Bevölkerungsdichte									

5. Notiere in Stichpunkten, was du zur geschichtlichen Entwicklung Südosteuropas weißt.

Karstlandschaft

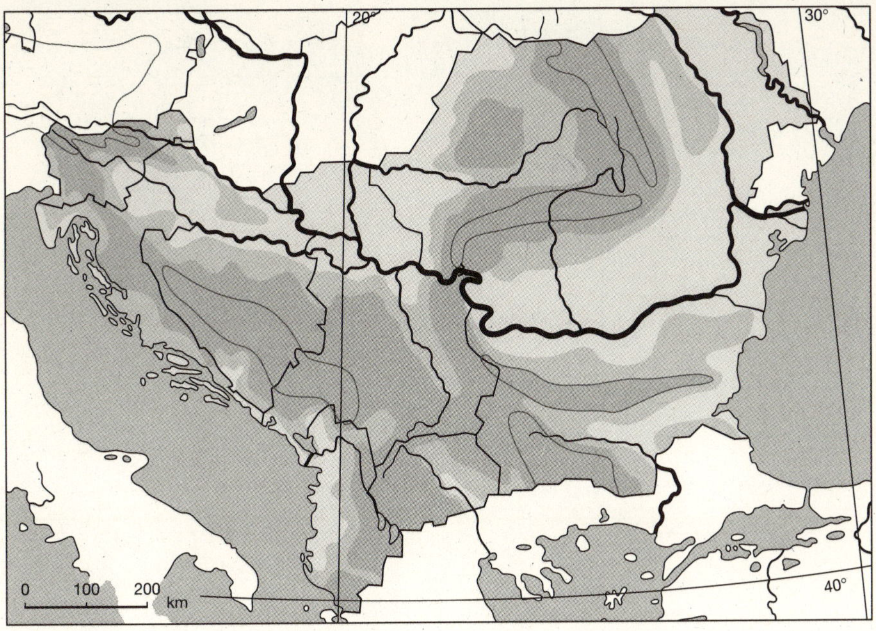

1. Bezeichne in der Karte:
   A Dinarisches Gebirge
   I Adriatisches Meer
   II Mittelmeer
   III Ägäisches Meer
2. Trage in die Karte ein:
   a Triest
   b Rijeka
   c Laibach
   d Belgrad
   e Sarajevo
   f Zagreb
   B Karst (Gebirge)

3. Karst ist nicht nur der Name eines Gebirges, sondern auch die Bezeichnung für eine Landschaftsform. Erläutere die Ursachen für die Bildung dieser Landschaftsform:

____

____

____

4. Bezeichne die einzelnen Formen des Karst und beschreibe ihre Entstehung.

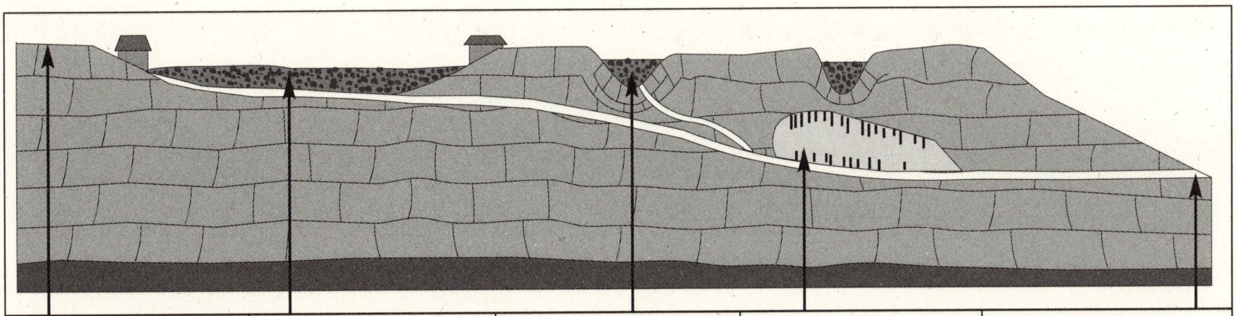

5. Welche der dargestellten Karsterscheinungen werden landwirtschaftlich genutzt? Beschreibe die Nutzungsarten.

____

____

____

Donau – eine europäische Wasserstraße

1. Bezeichne in der Karte:
   1 Donau
   2 Rhein
   3 Main
   4 Main-Donau-Kanal
   I Nordsee
   II Schwarzes Meer
   III Donaudelta

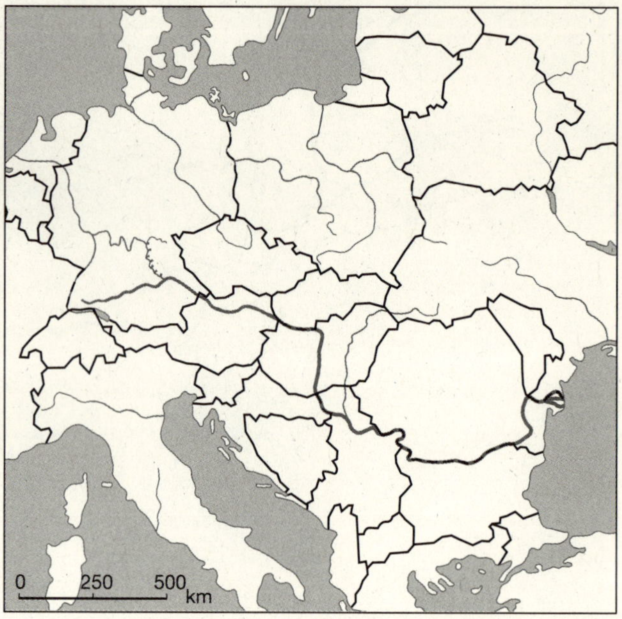

2. Welche Staaten haben an der Donau Anteil?

A ____________ F ____________

B ____________ G ____________

C ____________ H ____________

D ____________ I ____________

E ____________ K ____________

3. Warum nennt man die Donau eine Wasserstraße?

4. Zeichne ein Profil des Durchbruchstals der Donau am „Eisernen Tor"
5. Welche Vor- und Nachteile brachte der Staudamm am „Eisernen Tor"?

6. Zeichne die 3 Hauptmündungsarme der Donau in die Karte ein. Bezeichne die Mündungsart und suche dafür weitere Beispiele (Atlas).

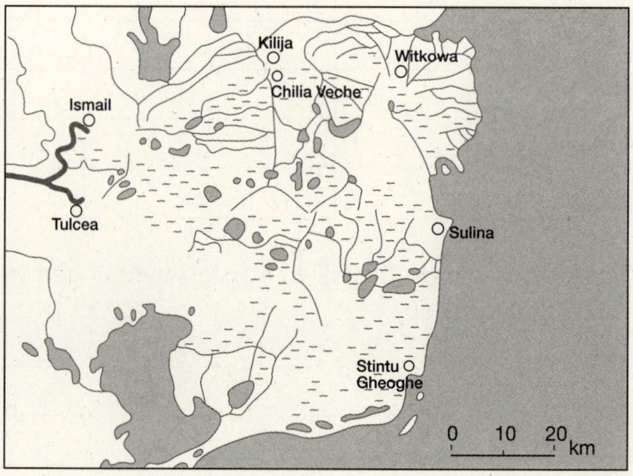

Südeuropa

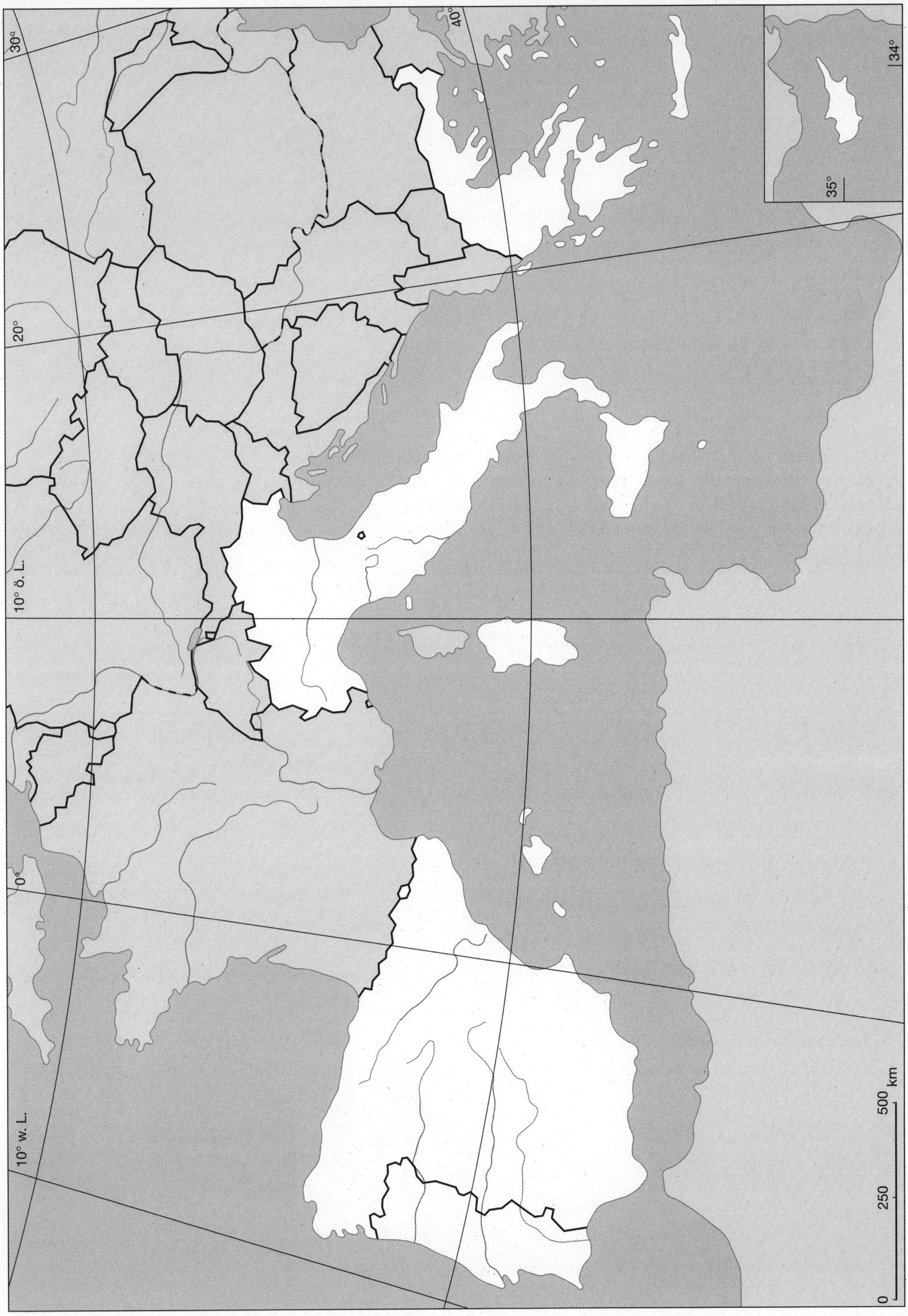

Klima und Vegetation rund um das Mittelmeer

1. Markiere in nebenstehender Karte das Verbreitungsgebiet des Ölbaums farbig. Beschreibe und begründe die Verbreitung des Ölbaums.

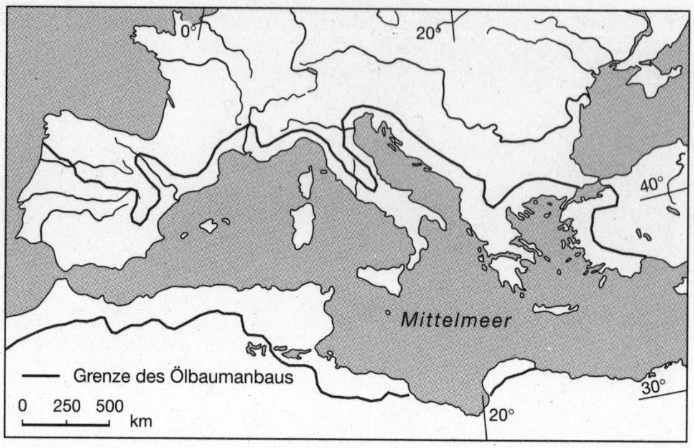

2. Vergleiche die Ausdehnung des subtropischen Klimas mit dem Verbreitungsgebiet des Ölbaums. Begründe.

3. Auf Seite 3 siehst du die Klimadaten von Athen. Vielleicht hast du das Klimadiagramm auch schon gezeichnet. Vergleiche nun die beiden Stationen Athen und Palermo nach ausgewählten Merkmalen. Beschreibe zunächst die Lage der beiden Städte.

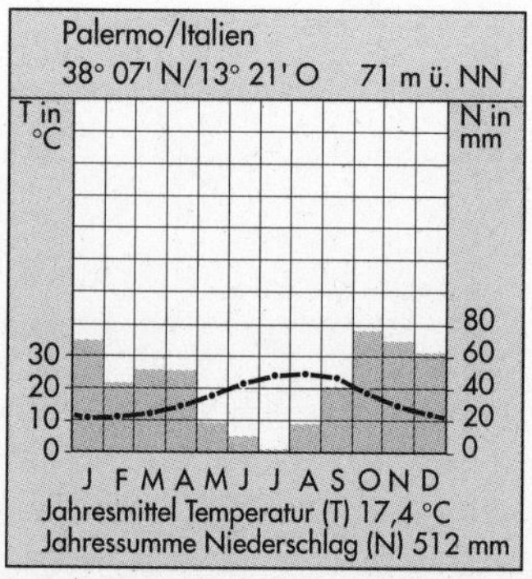

Merkmale		Athen	Palermo
Temperatur	Maximum		
	Minimum		
Niederschläge	niederschlagsarme Monate		
	niederschlagsreiche Monate		

4. Fasse wichtige Merkmale des Mittelmeerklimas zusammen.

5. Benenne die dargestellten Pflanzen.
Wie haben sie sich an das Klima angepasst?

6. In welchen Monaten liegt die Vegetationsperiode im Mittelmeergebiet?

Vulkanismus und Erdbeben

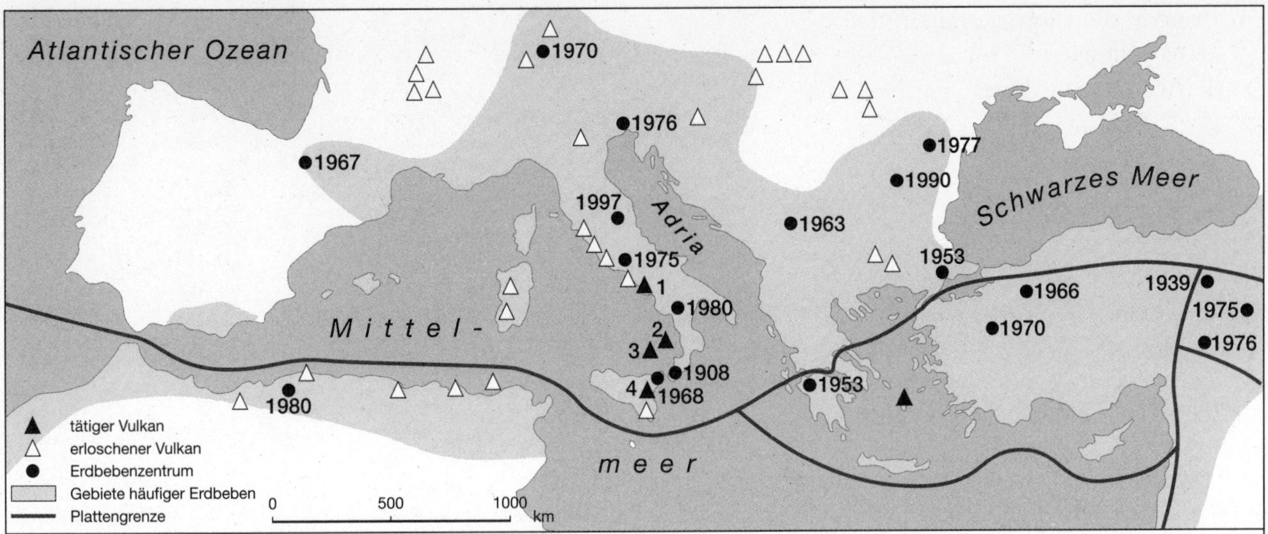

1 ______________________ 3 ______________________

2 ______________________ 4 ______________________

1. Benenne in der Legende die tätigen Vulkane Italiens.
2. Begründe, warum im Mittelmeerraum Vulkane ausbrechen und Erdbeben auftreten.

____

____

____

3. Kennzeichne die Erscheinungen in den dargestellten Phasen eines Vulkanausbruchs.

vor dem Ausbruch	der Ausbruch	nach dem Ausbruch
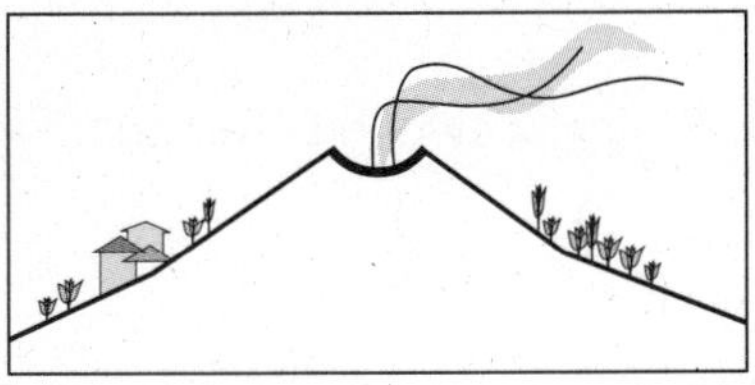	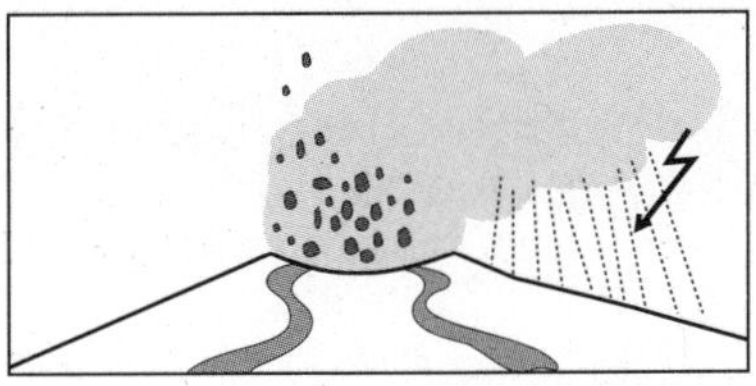	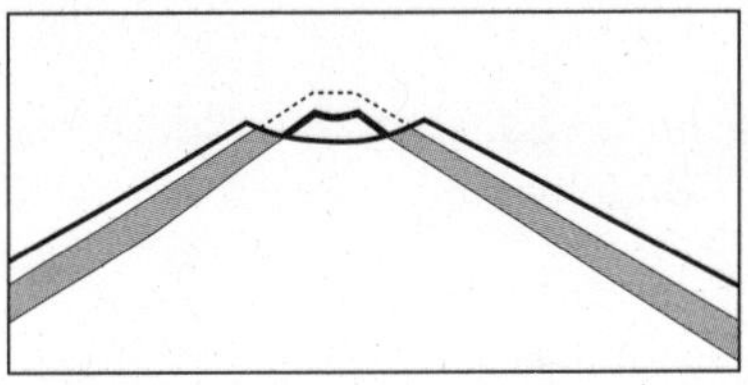

4. Beschreibe den Aufbau eines Schichtvulkans. Benenne die Teile im Profil. Erkläre den Namen.

____

____

____

____

____

____

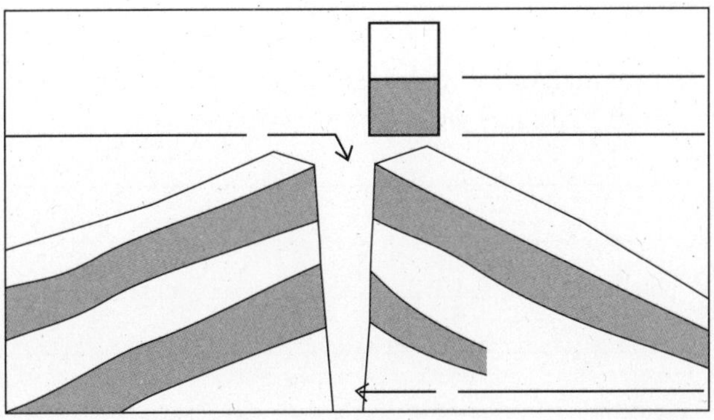

Italien – Wirtschaftswachstum und regionale Unterschiede

1. Trage in die Umrisskarte ein:
   I Mittelmeer
   II Adriatisches Meer
   A Sizilien
   B Sardinien
   1 Po
   2 Tiber
   a Turin b Mailand
   c Genua d Rom
   e Neapel f Palermo

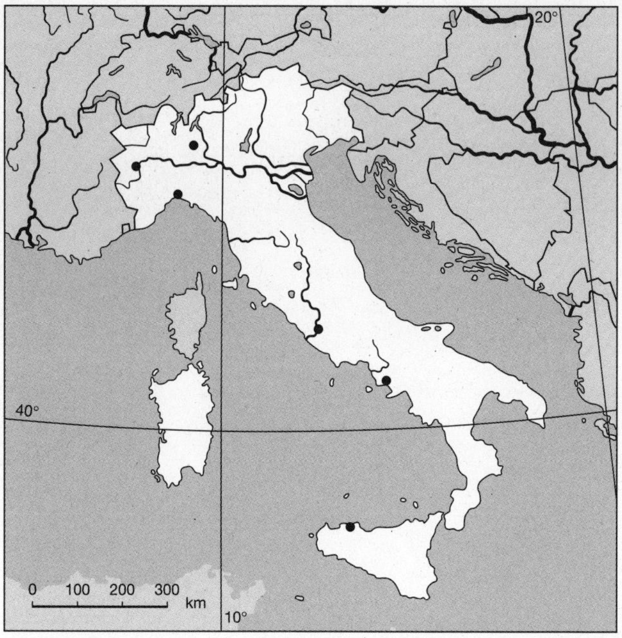

2. Welche Gunstfaktoren beeinflussen die wirtschaftliche Entwicklung im Norden?

____

____

____

____

3. Nenne bedeutende Exportprodukte Italiens.

Industrie	Landwirtschaft

4. Im Gegensatz zum Norden ist der Süden Italiens (Mezzogiorno) wirtschaftlich schwach entwickelt. Welche Ungunstfaktoren sind dafür verantwortlich?

____

____

____

____

5. Wie wirken sich die wirtschaftlichen Unterschiede auf die Lebensbedingungen der Menschen aus?

____

____

____

6. Nenne Maßnahmen der italienischen Regierung und der EU zum Abbau der Gegensätze und schätze ihre Wirkung ein.

____

____

____

____

____

Landwirtschaft in Südeuropa

1. Der Anteil der Beschäftigten in der Landwirtschaft der südeuropäischen Staaten ist im Vergleich zu anderen Staaten der EU relativ hoch. Schreibe Ursachen dafür auf.

   Anteil der Beschäftigten in der Landwirtschaft

Spanien:	3 von 100	Portugal:	14 von 100	EU-Durchschnitt:	4 von 100
Griechenland:	22 von 100	Italien:	6 von 100		

   Ursachen: ______________________________

2. Erläutere die Begriffe „Regenfeldbau" und „Bewässerungsfeldbau". Gib Beispiele für Anbaugebiete und -kulturen an.

Regenfeldbau

Bewässerungsfeldbau

3. Nenne typische Pflanzen der Mittelmeerregion. Beschreibe Merkmale dieser Pflanzen.
   a) Hartlaubgewächse:
   b) Exportkulturen:

4. Auch bei uns werden Waren aus südeuropäischen Ländern angeboten, die auf Grundlage landwirtschaftlicher Produkte hergestellt werden. Nenne einige Waren:

1. Bezeichne die Länder Osteuropas, ihre Hauptstädte sowie die größten Flüsse und angrenzenden Meere in der Tabelle und in der nebenstehenden Karte.

Land	Hauptstadt
A	
B	
C	
D	
E	
F	
G	

Flüsse	Meere
1	I
2	II
3	III
4	IV
5	V

Moskau ist durch Eisenbahnen mit allen Landesteilen und den Nachbarländern verbunden.

2. Trage die Zielorte der Eisenbahnlinien in die Karte ein.
3. Kennzeichne Moskau als Hauptstadt.

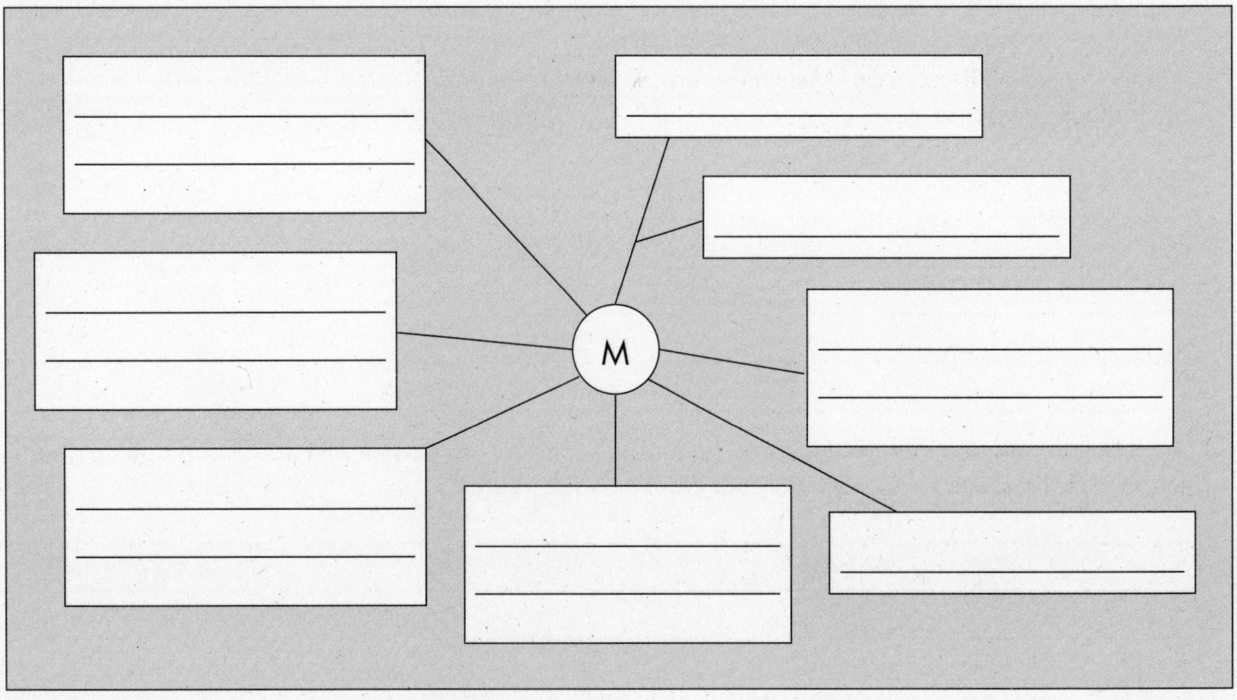